ÉCOLE DES SOUS-OFFICIERS

DE

L'ARTILLERIE ET DU GÉNIE

ET

DU TRAIN DES ÉQUIPAGES MILITAIRES

Décret d'organisation et Programmes modifiés par les notes ministérielles des 6 juin 1888 et 18 février 1889, complété par le Programme du cours supérieur, arrêté le 13 avril 1889.

PARIS		LIMOGES
11, Place St-André-des-Arts, 11		46, Nouvelle route d'Aixe, 46

IMPRIMERIE ET LIBRAIRIE MILITAIRES

Henri CHARLES-LAVAUZELLE

Éditeur.

1890

MINISTÈRE DE LA GUERRE

ÉCOLE DES SOUS-OFFICIERS

DE

L'ARTILLERIE ET DU GÉNIE

ET

DU TRAIN DES ÉQUIPAGES MILITAIRES

Décret d'organisation et Programmes modifiés par les notes ministérielles des 6 juin 1888 et 18 février 1889, complété par le Programme du cours supérieur, arrêté le 13 avril 1889.

| PARIS | | LIMOGES |
| 11, P'ace St-André-des-Arts, 11 | | | 46, Nouvelle route d'Aixe, 46 |

IMPRIMERIE ET LIBRAIRIE MILITAIRES

HENRI CHARLES-LAVAUZELLE

Editeur.

1890

NOTA

—

Les modifications apportées par la no e ministérielle du 6 juin 1888 à l'Instruction du 4 novembre 1886 sont imprimées en caractères italiques dans la présente édition.

Celles apportées par la note ministérielle du 18 février 1889 sont en plus petit caractère.

ÉCOLE DE SOUS-OFFICIERS

DE

L'ARTILLERIE ET DU GÉNIE

Décret du 4 novembre 1886 réorganisant l'Ecole militaire de l'artillerie et du génie.

(Comportant les modifications apportées à ce décret jusqu'au 20 mai 1889).

LE PRÉSIDENT DE LA RÉPUBLIQUE FRANÇAISE,

Vu les décrets des 10 janvier et 26 mai 1884, portant règlement sur l'organisation de l'Ecole de sous-officiers de l'artillerie et du génie, et de la division du train des équipages militaires annexée à cette Ecole;

Considérant qu'il importe d'apporter dans la constitution et dans le fonctionnement de cette institution les modifications dont l'expérience a fait reconnaître la nécessité;

Sur le rapport du Ministre de la Guerre,

DÉCRÈTE :

TITRE PREMIER.

BUT DE L'INSTITUTION DE L'ÉCOLE. — SON RECRUTEMENT.

Art. 1er. L'Ecole de sous-officiers, instituée à Versailles, a pour but de compléter l'instruction des sous-officiers reconnus susceptibles d'être nommés sous-lieutenants d'artillerie et du génie.

Elle prend le nom d'Ecole militaire de l'artillerie et du génie.

Une division spéciale du train des équipages militaires est annexée à l'Ecole; elle reçoit les sous-officiers reconnus susceptibles d'obtenir le grade de sous-lieutenant dans cette arme.

En temps de paix, nul sous-officier ne peut être promu sous-lieutenant dans l'artillerie, dans le génie ou dans le train des équipages militaires, s'il n'a suivi avec succès les cours de la division de son arme et satisfait aux épreuves de sortie dont les programmes sont arrêtés par les règlements ministériels.

Art. 2. Indépendamment des sous-officiers de l'armée de terre, régulièrement désignés, l'Ecole peut recevoir, sur la demande du Ministre de la Marine, des sous-officiers de l'artillerie de la marine.

Conditions d'admission.

Art. 3. Nul sous-officier ne peut être admis à l'Ecole s'il n'a accompli au moins deux ans de grade le 31 décembre de l'année de la proposition.

Les sous-officiers qui seraient libérables pendant la durée de leur séjour à l'Ecole devront, avant d'y entrer, souscrire un nouvel engagement.

Art. 4. Les candidats régulièrement proposés par leur inspecteur général pour entrer à l'Ecole, y sont admis à la suite d'un concours, dont les conditions sont distinctes pour chacune des trois divisions de l'artillerie, du génie et du train des équipages militaires.

Art. 5. Ne peuvent concourir pour la division de l'artillerie, ou pour celle du génie, que des sous-officiers de ces deux armes respectives.

Les sous-officiers de la cavalerie, de l'artillerie et des sapeurs conducteurs du génie, sont autorisés à concourir avec les sous-officiers du train des équipages militaires pour la division de cette arme; toutefois, le tiers des admissions, au minimum, est réservé à ces derniers sous-officiers.

Désignation par le Ministre du nombre des élèves admis.

Art. 6. Le Ministre fixe tous les ans, suivant les besoins du service, le nombre des élèves à admettre à l'Ecole dans chacune des trois divisions de l'artillerie, du génie et du train des équipages militaires.

Rang, tenue, armement et équipement des élèves.

Art. 7. Les sous-officiers admis à l'Ecole prennent la dénomination de *sous-officiers élèves-officiers;* ils sont remplacés dans les emplois spéciaux (adjudant, maréchal des logis chef ou sergent-major, fourrier, sous-chef artificier, etc.) dont ils étaient pourvus dans leur corps et placés comme maréchaux des logis ou sergents dans une batterie ou compagnie ; ils peuvent même être mis hors cadre sur l'ordre du Ministre.

Les sous-officiers de la cavalerie, de l'artillerie et des sapeurs conducteurs admis dans la division du train des équipages militaires passent, avec le grade de maréchal des logis, dans un corps de troupe de cette arme, désigné par le Ministre; ils pourront être également mis hors cadre.

La tenue, l'armement et l'équipement des sous-officiers élèves-officiers sont déterminés par un règlement ministériel.

Les sous-officiers élèves-officiers doivent le salut aux officiers; ils y ont droit de la part de tous les sous-officiers (sauf les adjudants) et des caporaux, brigadiers et soldats.

Ils jouissent, en dehors de l'Ecole, des droits et prérogatives conférés aux adjudants par les décrets du 28 décembre 1883, portant règlement sur le service intérieur des corps de troupe.

TITRE II.

PERSONNEL DE L'ÉCOLE. — PERSONNEL DES CADRES DE L'ÉCOLE.

Art. 8. Le commandement et la direction de l'Ecole sont confiés à un colonel ou à un lieutenant-colonel d'artillerie. Il a sous ses ordres un chef de bataillon du génie, commandant en second.

L'autorité du commandant de l'Ecole s'étend sur toutes les parties du service, de l'instruction et de l'administration.

Le commandant de l'Ecole est sous les ordres directs du Ministre.

Le commandant en second est chargé, sous les ordres du commandant de l'Ecole, de toutes les parties du service; il remplit les fonctions de directeur des études.

Un capitaine d'artillerie est chargé de l'instruction théorique et pratique, de la tenue et de la discipline; il a sous ses ordres des lieutenants instructeurs.

L'enseignement est donné aux sous-officiers élèves-officiers par des professeurs militaires ou civils.

Le capitaine professeur du cours d'administration remplit les fonctions de major; un lieutenant d'artillerie ou du génie remplit les fonctions de trésorier; un garde d'artillerie ou un adjoint du génie, celles de comptable du matériel.

Un médecin-major de 2e classe est chargé du service sanitaire de l'Ecole.

Un personnel secondaire, composé de sous-officiers, brigadiers, caporaux et soldats, est employé soit à l'instruction militaire des élèves, soit à la tenue des écritures et aux divers services intérieurs de l'Ecole.

Ce personnel est mis hors cadre.

La composition de ces divers personnels (officiers, troupe, professeurs civils) est déterminée par les tableaux A et B annexés au présent décret.

Un détachement de la 5e compagnie de cavaliers de remonte

est affecté au service de l'Ecole ; sa composition est déterminée par le tableau C annexé au présent décret.

Tout le personnel (officiers, professeurs civils et troupe) est nommé par le Ministre.

TITRE III.

ENSEIGNEMENT. — PROGRAMMES.

Art. 9. Les sous-officiers élèves-officiers reçoivent à l'Ecole une instruction générale et une instruction militaire.

La première a pour but de développer les connaissances générales qu'ils possèdent déjà, de façon à leur donner la culture intellectuelle indispensable à tout officier.

L'instruction militaire est dirigée de façon à leur faire acquérir l'aptitude nécessaire pour bien remplir les fonctions d'officier d'artillerie, du génie ou du train des équipages militaires.

Cette instruction est à la fois théorique et pratique.

Les programmes détaillés de l'enseignement donné à l'Ecole seront arrêtés par le Ministre.

Conseil d'instruction.

Art. 10. Il est constitué à l'Ecole un conseil d'instruction composé ainsi qu'il suit :

Le commandant de l'Ecole................. *Président*

Le commandant en second, directeur des études.....................................

Deux officiers supérieurs pris dans les régiments d'artillerie et du génie, et moins anciens que le commandant de l'Ecole...

Le capitaine d'artillerie instructeur........

Un capitaine d'artillerie professeur................... renouvelés

Un capitaine du génie professeur. .... tous les ans.

Membres.

Ce conseil est appelé à émettre son avis sur tout ce qui concerne les méthodes d'instruction et le service intérieur de l'Ecole ; il provoque les améliorations qui lui paraissent utiles, et propose les modifications à apporter aux programmes d'admission, d'enseignement et de sortie.

Durée des cours.

Art. 11. L'ouverture des cours a lieu, chaque année, le 1er avril ; leur clôture, à la fin de février de l'année suivante.

TITRE IV.

RÉGIME. — POLICE. — DISCIPLINE.

Régime.

Art. 12. Sous le rapport de la police et de la discipline, l'Ecole est soumise au même régime que les corps de troupe, sauf les dispositions spéciales déterminées par le règlement ministériel sur le service intérieur de l'Ecole.

Conseil de discipline.

Art. 13. Un conseil de discipline est institué pour se prononcer sur le compte des élèves qui, par des fautes graves, par leur inconduite habituelle, ou leur manque de travail, se mettraient dans le cas d'être exclus de l'Ecole.

Le conseil de discipline est composé de cinq membres, savoir:

Le commandant de l'Ecole...............	*Président.*
Le commandant en second..............	
Le capitaine d'artillerie instructeur......	
Le capitaine d'artillerie, professeur le plus ancien...............................	*Membres.*
Le capitaine du génie, professeur le plus ancien...............................	

L'exclusion est prononcée par le Ministre, sur la proposition du conseil de discipline.

Le sous-officier élève-officier dont l'exclusion est prononcée est immédiatement dirigé sur un corps de troupe de son arme, où il rentre comme maréchal des logis ou sergent.

TITRE V.

ADMINISTRATION ET COMPTABILITÉ DE L'ÉCOLE.

Conseil d'administration.

Art. 14. L'Ecole est administrée par un conseil composé ainsi qu'il suit :

Le commandant de l'Ecole..............	*Président.*
Le commandant en second..............	
Le capitaine professeur d'administration, faisant fonctions de major...........	
Un capitaine instructeur d'artillerie ou du génie....... (renouvelés tous les ans.)	*Membres.*
Un des capitaines professeurs	
Le lieutenant trésorier.................	
Le garde d'artillerie ou l'adjoint du génie comptable du matériel................	*Secrétaire.*

Mode d'administration.

Art. 15. Le mode d'administration et de comptabilité de l'Ecole est celui que détermine le décret du 30 mai 1875.

Les officiers du cadre reçoivent les allocations en deniers prévus par les tarifs du 31 décembre 1878, et les hommes de troupe du cadre, celles prévues par les tarifs du 25 décembre 1875.

Les sous-officiers élèves-officiers reçoivent une solde unique fixée à 2 francs par jour. Ceux d'entre eux qui sont rengagés ont droit, indépendamment des autres allocations réglementaires, à une indemnité pour résidence dans Paris, fixée à 50 centimes.

TITRE VI.

EXAMENS DE SORTIE. — CLASSEMENT.

Examen de sortie de fin d'année.

Art. 16. A la fin de leur année d'études, les sous-officiers élèves officiers subissent des examens de sortie devant un jury dont les membres sont désignés par le Ministre et qui est composé ainsi qu'il suit :

Un général de brigade de l'artillerie ou du génie..............................	*Président.*
Un colonel ou lieutenant-colonel d'un régiment d'artillerie.....................	
Un colonel ou lieutenant-colonel d'un régiment du génie......................	*Membres.*
Un capitaine d'artillerie, examinateur....	
Un capitaine du génie, examinateur.....	

Le jury s'assemble à l'époque fixée par le Ministre de la Guerre.

Classement par ordre de mérite.

Art. 17. Un règlement ministériel fixe la valeur relative des divers éléments qui doivent entrer dans le classement définitif des élèves.

Le jury établit ce classement par ordre de mérite, séparément pour les sous-officiers élèves de chaque arme, d'après les résultats des examens et les notes de l'année.

Le classement est ensuite envoyé au Ministre de la Guerre par le président du jury.

Elèves ayant satisfait aux examens de sortie.

Art. 18. Tous les sous-officiers élèves-officiers qui ont satisfait

aux examens de sortie sont promus sous-lieutenants dans l'arme
à laquelle ils appartiennent.

Leur numéro de classement de sortie détermine leur rang
d'ancienneté dans le grade de sous-lieutenant.

Elèves n'ayant pas satisfait aux examens de sortie.

Art. 19. Les sous-officiers élèves-officiers qui n'ont pas satisfait aux épreuves de sortie, seront renvoyés dans leurs corps et
pourvus du grade qu'ils avaient avant leur entrée à l'Ecole.

Ceux d'entre eux qui auraient une interruption forcée de travail de plus de trente jours consécutifs, peuvent être autorisés
par le Ministre, à titre exceptionnel, sur la proposition du conseil
d'instruction et d'après l'avis du jury d'examen, à faire une
deuxième année d'études avec la promotion suivante et à concourir avec elle.

Dans aucun cas, un élève ne pourra rester plus de deux années
à l'Ecole.

TITRE VII.

DISPOSITIONS GÉNÉRALES.

Art. 20. Des règlements ministériels déterminent les dispositions de détail que comportent l'admission des élèves, le service
intérieur de l'établissement, la marche de l'instruction et le classement de sortie de l'Ecole.

Art. 21. Le présent décret annule et remplace les décrets des
10 janvier et 26 mai 1884, portant organisation de l'Ecole de
sous-officiers de l'artillerie et du génie et de la division du train
des équipages militaires annexée à cette Ecole.

Toutes les dispositions qui lui sont contraires sont et demeu-
rent abrogées.

Art. 22. Le Ministre de la Guerre est chargé de l'exécution du
présent décret.

Fait à Paris, le 4 novembre 1886.

Signé : JULES GRÉVY.

Par le Président de la République :

Le Ministre de la Guerre,
Signé : Gal BOULANGER.

TABLEAUX
Fixant la composition du personnel de l'Ecole.

TABLEAU A.

OFFICIERS.

Colonel ou lieutenant-colonel d'artillerie commandant l'Ecole..................................	1	
Chef de bataillon du génie commandant en second.	1	
Capitaine d'artillerie instructeur..................	1	
Lieutenants.. { d'artillerie, instructeurs, dont un instructeur d'équitation.............	3	
{ du génie, instructeur	1	
Lieutenant d'artillerie ou du génie, trésorier......	1	
Médecin-major de 2⁰ classe.....................	1	16
Garde d'artillerie ou adjoint du génie, comptable du matériel..................................	1	
Professeurs.. { Capitaine d'artillerie..............	1	
{ Capitaines d'artillerie ou lieutenants adjoints......................	2	
{ Capitaines du génie...............	2	
{ Capitaine du génie ou lieutenant adjoint........................	1	
Professeurs civils		2
Total..................		18

TABLEAU B.

Adjudants... { Maître d'escrime................	1	
{ Sous-instruct. (l'un d'eux remplira en même temps les fonct. de vaguem.).	2	3
Sergent maitre d'escrime........................		1
Brigadiers ou caporaux. { Maître adjoint d'escrime	1	2
{ Maître maréchal ferrant..........	1	
Soldats....... { Trompettes.....................	2	
{ Perruquier.....................	1	
{ Aide-maréchal ferrant...........	1	
{ Ouvrier armurier...............	1	23
{ Ouvriers tailleurs...............	2	
{ Ouvriers cordonniers	2	
{ Ouvriers selliers	2	
{ Employés divers	12	
Total..................		29

TABLEAU C.

DÉTACHEMENT DE LA 5ᵉ COMPAGNIE DE CAVALIERS DE REMONTE.

Maréchal des logis.. 1
Fourrier... 1
Brigadiers... 3   30
Cavaliers.. 25
Chevaux de manège ou de carrière............................ 60

Instruction du 4 novembre 1886 pour l'admission à l'Ecole militaire de l'artillerie et du génie.

RÈGLES CONCERNANT LES PROPOSITIONS POUR L'ADMISSION AU CONCOURS.

Art. 1ᵉʳ. Chaque année, à l'inspection générale, les chefs de corps ou de service peuvent proposer, pour subir les examens d'admission, les sous-officiers des batteries ou compagnies sous leurs ordres, qui auront au moins deux ans de grade au 31 décembre de l'année courante, et qu'ils jugent aptes à devenir officiers.

Les candidats appartenant au cadre fixe des Ecoles militaires sont proposés par les commandants de ces Ecoles.

Art. 2. Il est établi, pour chacun de ces sous-officiers, un mémoire de proposition spécial, conforme au modèle annexé au livret d'inspection. Ce mémoire est annoté successivement par le chef de corps ou de service, le général de brigade et l'inspecteur général.

Chacun d'eux résume son opinion dans une seule cote numérique, dite « Note d'ensemble », représentée par un nombre entier pris dans l'échelle de 0 à 20, et qualifiant à la fois la tenue, la conduite, la capacité et l'aptitude au commandement du candidat :

5 représentant la note................. *Faible.*
10   —   .... *Passable.*
15   —   .... *Bien.*
20   —   .... *Parfait.*

Le mémoire de proposition est accompagné :

1° Du relevé des services ;

2° Du relevé des punitions depuis l'entrée au service ;

3° De l'acte de naissance du candidat, s'il est proposé pour la première fois ;

4° De l'extrait du casier judiciaire, et, s'il y a lieu, du certificat d'option pour la nationalité française.

ÉPREUVES PRÉLIMINAIRES D'INSTRUCTION GÉNÉRALE.

Art. 3. Le concours d'admission est précédé d'épreuves d'instruction générale ayant pour but d'éliminer les candidats qui ne possèderaient pas des connaissances scientifiques et littéraires suffisantes.

Ces épreuves consistent en compositions écrites.

Nul ne peut être admis aux épreuves du concours s'il n'a pas satisfait à ces épreuves préliminaires.

Art. 4. Dans les premiers jours de l'année qui suit leur proposition, les candidats sont convoqués par région de corps d'armée, pour subir les épreuves écrites, à l'Ecole d'artillerie, excepté dans les 1re et 16e régions, où les candidats du génie feront leurs compositions à l'école régimentaire de cette arme. Ils doivent y être rendus la veille du jour fixé pour ces épreuves, et sont placés en subsistance dans l'un des corps de la garnison.

Les compositions sont surveillées par des officiers d'artillerie ou du génie, du grade de capitaine, au nombre de deux au moins, désignés par MM. les généraux commandant les corps d'armée, de manière que les deux armes soient toujours représentées dans les lieux d'examen où se trouvent des candidats de l'une et de l'autre arme. Chacun de ces officiers reçoit un exemplaire d'une instruction spéciale concernant sa mission.

Les sujets des compositions et les imprimés nécessaires sont envoyés, sous plis cachetés, par le Ministre, aux commandants de corps d'armée, qui les font parvenir aux directeurs des Ecoles chargés de les remettre aux officiers surveillants. Ces sujets sont tirés du programme du cours préparatoire des écoles régimentaires.

Les compositions écrites comprennent :
1° Une dictée (la ponctuation ne sera pas dictée aux candidats);
2° Une composition française ;
3° Une composition d'histoire et de géographie ;
4° Une composition d'arithmétique ;
5° Une composition d'algèbre ;
6° Une composition de géométrie ;
7° Une composition de trigonométrie et de topographie ;
8° Un dessin linéaire (épure de géométrie descriptive, dessin de matériel ou de fortification, etc.).

Art. 5. Chaque sujet de composition est renfermé dans une enveloppe cachetée, qui est ouverte par l'un des officiers surveillants en présence des candidats, au moment où ils sont réunis pour subir l'épreuve à laquelle le sujet se rapporte.

Le procès-verbal de la séance devra constater si le cachet était intact.

Art. 6. Toutes les compositions sont faites sur des feuilles à tête imprimée. Ces feuilles sont délivrées aux sous-officiers au commencement de la séance, et revêtues alors de la signature de l'un des officiers chargés de la surveillance. Chaque candidat, en la recevant, appose son nom sur la tête imprimée et signe à l'endroit indiqué sur cette tête, avant de remettre la composition à l'officier.

Art. 7. Il est accordé au candidat :

1° Pour relire la dictée...................... 1/4 d'heure.
2° Pour la composition française............ 4 heures.
3° Pour la composition d'histoire et de géographie .... 4 —
4° Pour la composition d'arithmétique....... 4 —
5° Pour la composition d'algèbre............ 4 —
6° Pour la composition de géométrie........ 4 —
7° Pour la composition de trigonométrie et de topographie...................... 4 —
8° Pour le dessin linéaire................. 4 —

Art. 8. A l'expiration du temps accordé pour chaque composition, les candidats remettent leur travail, séance tenante, à l'un des officiers surveillants.

Tout candidat qui ne remet pas l'une quelconque des compositions, ou qui ne se présente pas à l'une des épreuves, est, par cela même, exclu du concours; mais les compositions inachevées n'entraînent pas l'exclusion.

Art. 9. Toutes les compositions sont adressées le jour même, directement, au Ministre de la Guerre, réunies dans une grande et solide enveloppe, portant en suscription l'indication de son contenu, scellée par les officiers surveillants, et contre-signée de leurs noms.

Art. 10. Les compositions sont soumises au jugement d'une commission de correcteurs nommée par le Ministre de la Guerre.

Art. 11. Avant que les compositions des candidats soient remises aux correcteurs, la partie de chacune des feuilles sur laquelle se trouve le nom et la signature du candidat est détachée.

Les noms sont remplacés par des numéros d'ordre.

Les parties enlevées restent sous scellés.

Art. 12. Les compositions sont cotées, par les correcteurs, d'un numéro de mérite compris dans l'échelle de 0 à 20. Toute note inférieure à 14 pour la dictée et à 6 pour les autres compositions, détermine à elle seule l'exclusion, qui atteint également tout candidat convaincu de fraude.

La cote donnée à une composition est portée sur la composition même.

Art. 13. Les corrections terminées, la commission renvoie au

Ministre les compositions qui ont été soumises à son appréciation, en y joignant un tableau indiquant, en regard de leur numéro d'ordre, la cote attribuée à chacune d'elles, et la moyenne de toutes ces cotes. Ce tableau est établi par ordre de mérite, en prenant pour base la valeur des cotes moyennes.

Art. 14. Sont seuls déclarés « admissibles » au concours proprement dit, les candidats qui ont obtenu une cote moyenne minimum de **11**, pour l'ensemble de leurs compositions.

Art. 15. Les noms des candidats « admissibles » sont adressés à MM. les généraux commandant les corps d'armée desquels ils relèvent, qui les notifient aux chefs de corps ou de service intéressés.

CONCOURS.

Art. 16. Le classement définitif des candidats admis au concours a pour base :

1° Les compositions écrites affectées d'un coefficient d'ensemble ;

2° Un examen oral portant sur les mêmes matières que les compositions écrites ;

3° La valeur militaire des sous-officiers constatée par leurs chefs hiérarchiques et par une commission chargée d'examiner leur instruction professionnelle, théorique et pratique.

Art. 17. Deux commissions spéciales, opérant l'une pour l'artillerie, l'autre pour le génie, sont chargées de faire subir les épreuves orales et les épreuves d'instruction professionnelle.

La commission de l'artillerie se compose de 6 membres nommés par le Ministre, savoir : 1 colonel ou lieutenant colonel, président ; 3 chefs d'escadron et 2 capitaines, membres.

La commission du génie se compose de 3 membres nommés par le Ministre : 1 colonel ou lieutenant-colonel, président, et 2 chefs de bataillon.

Art. 18. L'examen oral subi sur les matières déjà exigées pour les compositions écrites, donnera lieu à une seule note. Les épreuves d'instruction professionnelle porteront sur les matières indiquées dans les bases générales de l'instruction de chaque arme comme devant être possédées par les sous-officiers.

Pour l'artillerie, le résultat de ces épreuves sera traduit par trois notes correspondantes :

La 1re aux manœuvres *spéciales* de la subdivision d'armes ;
La 2e au cours spécial ;
La 3e aux règlements.

Pour le génie :
La 1re aux manœuvres de compagnies et subdivisions ;

La 2ᵉ à l'instruction spéciale;
La 3ᵉ aux règlements.

Tous les candidats, indistinctement, doivent savoir monter à cheval.

Art. 19. La commission de l'artillerie siège d'abord à Versailles et se transporte successivement à Bourges, Toulouse et Rennes.

Celle du génie opère *au lieu de garnison de l'un des* régiments de *cette arme.*

Sont convoqués : à Versailles, les candidats de l'artillerie stationnés dans le gouvernement militaire de Paris et sur le territoire des 1ᵉʳ, 2ᵉ, 3ᵉ, 5ᵉ et 6ᵉ corps d'armée ;

A Bourges, les candidats stationnés dans le gouvernement militaire de Lyon, sur le territoire des 7ᵉ, 8ᵉ, 13ᵉ, 14ᵉ, 15ᵉ, 19ᵉ corps d'armée et sur celui de la Tunisie ;

A Toulouse, les candidats stationnés sur le territoire des 12ᵉ, 16ᵉ, 17ᵉ et 18ᵉ corps d'armée ;

A Rennes, les candidats stationnés sur le territoire des 4ᵉ, 9ᵉ, 10ᵉ et 11ᵉ corps d'armée.

Le Ministre fait connaitre en temps opportun la date à laquelle doivent commencer les examens dans chacun des centres indiqués ci-dessus.

Les candidats sont placés en subsistance dans un corps de la garnison pendant la durée des examens.

Art. 20. Le tour d'examen des sous-officiers admis aux épreuves orales est déterminé dans chaque centre par voie de tirage au sort.

La veille de chaque séance, le président de la Commission d'examen fait afficher la liste des candidats qui peuvent être interrogés dans la séance suivante ; ceux d'entre eux qui, sans motifs valables, dont la Commission est juge, ne se présentent pas lorsqu'ils sont appelés, sont exclus du concours, sans préjudice des peines disciplinaires qu'ils auraient encourues.

Les chevaux à affecter à chacun des candidats sont également désignés par la voie du sort, sur l'ensemble de ceux mis à la disposition des commissions, conformément aux dispositions de l'article 21 ci-après.

Art. 21. Sur la demande des présidents des commissions, les commandants d'armes mettent à leur disposition, dans chaque centre d'examen, le nombre d'hommes et de chevaux et le matériel nécessaires. Ils désignent les locaux et terrains à affecter aux examens *oraux et aux épreuves d'instruction professionnelle.*

Art. 22. L'entrée des salles d'examen est interdite au public ; elle est facultative pour les candidats et pour les officiers en uniforme.

Ec. Art.   2

Art. 23. *La commission de l'artillerie se divise en deux sous-commissions pour faire subir les épreuves orales.*

La première, composée du colonel ou du lieutenant-colonel et de deux chefs d'escadron, est chargée des examens d'instruction théorique et pratique.

La seconde, composée d'un chef d'escadron et de deux capitaines, fait subir les examens oraux portant sur les matières contenues dans le programme du cours préparatoire des écoles régimentaires.

Chacun des membres des commissions ou sous-commissions donne aux candidats, dans les diverses parties sur lesquelles ils ont été examinés, une cote numérique entière comprise entre 0 et 20. La moyenne de ces cotes, en nombre rond, représente la note attribuée aux candidats dans les diverses matières. Elle est multipliée par le coefficient correspondant.

Art. 24. Immédiatement après la clôture des opérations dans chaque centre, le président en fait connaître les résultats au Ministre.

Art. 25. Les coefficients attribués aux divers éléments d'appréciation sont ainsi fixés par la note ministérielle du 18 février 1889 :

« *Note d'ensemble.* »

Conduite, capacité, aptitude au commandement.....	Note du chef de corps.............	5	} 20
	Note du général de brigade........	5	
	Note de l'inspecteur général.......	10	

(S'il n'y a pas de note du général de brigade, celle du chef de corps ou de service a pour coefficient 8 et celle de l'inspecteur général 12.)

Le coefficient ainsi attribué à la note d'ensemble est le même pour les sous-officiers d'artillerie, du génie et les candidats à la division du train des équipages ; les autres coefficients sont fixés pour chaque catégorie ainsi qu'il suit :

DIVISION DE L'ARTILLERIE.

Note d'ensemble...................................... 20

Instruction générale :
— Compositions d'admissibilité. 20
— Examens oraux portant sur les matières contenues dans le programme du cours préparatoire des écoles régimentaires :
 — Mathématiques..... 12 } 40
 — Histoire et géographie..... 8
  (ensemble } 40, total } 100)

Instruction professionnelle :
— Manœuvres.................... 20
— Cours spécial................. 12 } 40
— Règlements................... 8

DIVISION DU GÉNIE.

Note d'ensemble............................... 20

Instruction géné-rale............
- Composition d'admissibilité.. 24
- Examens oraux portant sur les matières contenues dans le programme du cours préparatoire des écoles régimentaires................ 20

(44)

Instruction professionnelle........
- Manœuvres................... 12
- Instruction spéciale.......... 16
- Règlements.................. 8

(36)

100

Art. 26. Des majorations de points seront accordées aux sous-officiers qui se trouveront dans une ou plusieurs des *situations* suivantes.

1º Toute année complète de grade de sous-officier à la date du 31 décembre de l'année de la proposition, en excédent des deux années exigées, donne droit à une majoration de dix points... 10
(Cette majoration ne peut, toutefois, excéder cinquante points.)

2º Toute campagne, autre que les campagnes en Algérie et en Tunisie, donne droit à une majoration de dix points........... 10
Ces dernières ne donnent droit qu'à une majoration de cinq points..., 5
(Les campagnes sont toujours comptées simples.)

3º Toute blessure reçue à l'ennemi, toute citation, donne droit à une majoration de dix points.................................... 10
(Plusieurs blessures reçues dans une même affaire ne sont comptées que pour une seule.)

4º Tout sous-officier qui, au 31 décembre de l'année de la proposition, a occupé pendant un an au moins l'un des emplois ci-après :

Maréchal des logis chef ou sergent-major ;
Maréchal des logis dans une compagnie d'ouvriers ;
Maréchal des logis dans une compagnie d'artificiers,

a droit aux majorations suivantes :

Pour une année complète, vingt-cinq points................. 25
Pour chacune des années suivantes, complètes, dix points.. 10
(Aucune majoration spéciale n'est attachée au grade d'adjudant : néanmoins, les sous-officiers de ce grade comptent les majorations acquises dans l'emploi de maréchal des logis chef ou sergent-major.)

5º Tout sous-officier rengagé pour deux ans, et dont le rengagement sera devenu effectif au 31 décembre de l'année de la proposition, a droit à une majoration de vingt-cinq points..... 25

Tout sous-officier rengagé pour cinq ans, et dont le rengagement sera devenu effectif au 31 décembre de l'année de la proposition, a droit à une majoration de cinquante points.......... 50

(La majoration pour rengagement ne peut, en aucun cas, dépasser cinquante points, quel que soit le nombre des rengagements successivement contractés.)

6° Tout sous-officier décoré de la médaille militaire a droit à une majoration de vingt points................................· 20

Tout sous-officier décoré de la Légion d'honneur a droit à une majoration de quarante points............................... 40

(Ces deux majorations peuvent se cumuler.)

Nota. — Il ne sera tenu compte, dans aucun cas, des points de majoration excédant le chiffre de cent cinquante (150).

Ces nouvelles dispositions commenceront à recevoir leur application pour le concours de 1890.

Art. 27. Le classement des candidats est déterminé par le nombre total des points obtenus :

1° Pour la note d'ensemble ;
2° *Pour les compositions d'admissibilité;*
3° *Pour l'examen oral, sur les matières contenues dans le programme du cours préparatoire des écoles régimentaires;*
4° *Pour les épreuves d'instruction professionnelle ;*
5° *Pour les majorations prévues par l'article 26.*

. *Le classement est fait séparément pour chacune des armes : Artillerie, Génie.*

A égalité de points, l'ancienneté dans le grade de sous officier donne la priorité.

Art. 28. Le Ministre de la Guerre fixe chaque année le nombre des sous-officiers à admettre définitivement à l'Ecole d'après l'ordre de classement. La liste définitive d'admission, établie par arme et par ordre de mérite, est publiée dans le *Journa' officiel* et adressée à MM. les généraux gouverneurs militaires et commandants de corps d'armée, qui les notifient aux chefs de corps ou de service intéressés.

DISPOSITIONS SPÉCIALES
A LA DIVISION DU TRAIN DES ÉQUIPAGES MILITAIRES,

Art. 29. Les dispositions de la présente instruction sont applicables aux sous-officiers qui désirent être admis dans la division du train des équipages militaires, avec les modifications suivantes :

Art. 30. Sont dispensés des épreuves écrites d'instruction générale, les sous-officiers pourvus du diplôme du baccalauréat de l'enseignement secondaire spécial, ou du diplôme complet de bachelier ès lettres ou ès sciences.

Art. 31. Les épreuves écrites préliminaires portent sur les matières enseignées dans les écoles régimentaires du train des équipages militaires. Elles ont lieu immédiatement après celles de l'artillerie, dans les mêmes centres et sous la surveillance des même officiers.

Ces épreuves comprennent :

1º Une dictée (la ponctuation ne sera pas dictée aux candidats);

2º Une composition française ;

3º Une composition d'histoire et de géographie ;

4º Une composition d'arithmétique ;

5º Une composition de géométrie et de topographie.

Art. 32. Toute note, pour la dictée, inférieure à 14, détermine à elle seule l'exclusion qui atteint également tout candidat convaincu de fraude.

Les candidats qui ont obtenu, à la suite de ces épreuves, une moyenne correspondant à la note 13, reçoivent du Ministre un certificat d'instruction générale qui les dispense de subir les mêmes épreuves à l'avenir, s'il y a lieu.

Art. 33. Les épreuves d'instruction professionnelle théorique et pratique portent sur les matières indiquées dans les bases générales de l'instruction du train des équipages militaires comme faisant partie des programmes des pelotons d'intruction nᵒˢ 1 et 2 (Règlement approuvé le 21 juillet 1883) (1).

Le résultat de ces épreuves est traduit par deux notes.

Note d'ensemble....................................... 20

Instruction générale......... { Examens oraux portant sur les matières contenues dans le programme du cours préparatoire des écoles régimentaires................. 20 }

Instruction militaire............ { Manœuvres.................. 40 { Règlements.................. 20 } 60

} 100

Art. 34. Les épreuves d'instruction professionnelle sont subies en présence de la Commission d'officiers supérieurs d'artillerie,

---

(1) Les candidats étrangers au train des équipages militaires seront examinés sur les matières correspondantes de leur arme.

Artillerie et génie. — Mêmes matières que pour les candidats aux divisions de l'artillerie et du génie.

Cavalerie. — Matières indiquées dans l'article IV des bases de l'instruction du règlement du 30 mai 1882.

désignée à l'article 17 de la présente instruction. Elles ont lieu dans les centres indiqués à l'article 19, immédiatement après celles des candidats de la division d'artillerie.

Article additionnel. Les dispositions de l'instruction du 4 novembre 1886 continueront à être appliquées aux sous-officiers qui désirent être admis dans la division du train des équipages.

Toutefois, les coefficients afférents aux notes du chef de corps, du général de brigade et de l'inspecteur général seront les mêmes que ceux fixés par l'article 25 (précité) pour les sous-officiers candidats aux divisions de l'artillerie et du génie.

De même toutes les dispositions de l'article 26 de la présente note seront appliquées pour les majorations de points aux candidats à la division du train.

Les présentes modifications seront applicables au concours d'admission à l'Ecole de Versailles qui aura lieu à la fin de l'année 1888.

DISPOSITIONS SPÉCIALES AUX SOUS-OFFICIERS DÉTACHÉS AU TONKIN ET DANS L'ANNAM.

Les dispositions de la présente instruction sont applicables, dans leur ensemble, aux sous-officiers appartenant à des corps ou fractions de corps détachés au Tonkin et dans l'Annam.

Les épreuves écrites d'instruction générale ont lieu, pour chacune des divisions de l'Ecole, dans les mêmes conditions qu'en France, sur des sujets analogues, donnés par M. le général commandant la division d'occupation. Elles sont jugées par une commission locale de correcteurs, unique pour toute la division.

De même, les épreuves d'instruction professionnelle ont lieu devant une commission nommée par l'officier général précité, et se rapprochant, autant que possible, de la composition de la commission qui opère en France.

Le Ministre fait connaître, chaque année, le nombre minimum de points nécessaires pour être admis. Les candidats qui ont obtenu un nombre de points égal ou supérieur à ce chiffre, sont envoyés en France pour suivre les cours de l'Ecole. Ceux d'entre eux dont l'instruction générale serait, postérieurement à leur entrée à cette école, reconnue trop faible, pourraient, sur la proposition du conseil d'instruction de l'établissement, être reversés, avec leur ancien grade, dans un corps de leur arme stationné en France ou en Algérie.

ABROGATION DES DISPOSITIONS ANTÉRIEURES.

La présente instruction annule et remplace celles du 1er avril et du 18 juin 1884.

Le Ministre de la Guerre.

PROGRAMME

du cours supérieur, professé dans les écoles d'artillerie, à l'usage des sous-officiers candidats à l'Ecole militaire de l'artillerie et du génie (division de l'artillerie).

Paris, le 13 avril 1889.

Le programme ci-après remplace et annule celui du 7 janvier 1887.

LANGUE FRANÇAISE.

20 LEÇONS.

Dictée. — Rédactions. — Rapports.

COMPLÉMENTS D'ALGÈBRE.

15 LEÇONS.

Décomposition du trinôme $ax^2 + bx + c$ en deux facteurs du 1er degré.

Résolution des inégalités du 2e degré.

Equation bicarrée. — Discussion des formules.

Représentation de la marche d'une fonction, d'une variable à l'aide d'une courbe.

Des questions de maximum et de minimum qui peuvent se résoudre par les équations du second degré.

Principales propriétés des progressions arithmétiques et des progressions géométriques.

Théorie des logarithmes déduite des progressions.

Logarithmes dont la base est 10. — Tables. — Caractéristique.

Introduction des caractéristiques négatives pour étendre aux nombres plus petits que l'unité les calculs logarithmiques.

Usage des tables.

Intérêts composés et annuités. — Application des logarithmes à ces questions.

COMPLÉMENTS DE GÉOMÉTRIE.

20 LEÇONS.

1° *Géométrie plane.*

Triangles et polygones semblables.
Polygones réguliers. — Leur inscription dans le cercle.
Rapport de la circonférence au diamètre.
Aire approchée d'une figure limitée par une courbe.
Aire d'un secteur, d'un segment.
Rapport des aires de deux figures semblables.

2° *Géométrie dans l'espace.*

Divers moyens de déterminer un plan.
Droites et plans perpendiculaires. — Théorème des trois perpendiculaires. — Droites et plans parallèles. — Propriétés des plans perpendiculaires entre eux.
Angles trièdres. — Cas d'égalité et de symétrie. — Angle trièdre supplémentaire ; ses propriétés.
Angles polyèdres.
Prismes et parallélipipèdes. — Pyramide. — Prisme tronqué.— Mesure de leur volume.
Cylindre droit à base circulaire. — Mesure de la surface latérale et du volume. — Extension au cylindre droit à base quelconque.
Cône droit à base circulaire. — Sections parallèles à la base. — Surface latérale et volume du cône, du tronc de cône, à bases parallèles.
Sphère. — Sections planes ; grands cercles, petits cercles. — Pôles d'un cercle. — Etant donnée une sphère, trouver son rayon par une construction plane.
Plan tangent. — Angle de deux arcs de grand cercle.
Mesure de la surface engendrée par une ligne brisée régulière tournant autour d'un axe mené dans son plan et par son centre. — Aire de la zone, de la sphère entière.
Mesure du volume engendré par un triangle tournant autour d'un axe mené dans son plan et par un de ses sommets. — Application au secteur polygonal régulier tournant autour d'un axe mené dans son plan et par son centre.
Volume du secteur sphérique, de la sphère entière, du segment sphérique.

Volume approché d'un solide limité par une surface quelconque.

3° *Courbes usuelles.*

Définition de l'ellipse et tracé de la courbe. — Axe, centre, sommets. — Définition de la tangente à une courbe quelconque. — Propriété de la tangente à l'ellipse. — Normale. — Cercles directeurs. — Tangente par un point pris sur la courbe ; par un point extérieur.

Ellipse considérée comme projection octogonale du cercle, application au tracé de la tangente.

Définition de la parabole et tracé de la courbe.

Axe. — Sommet. — Propriété de la tangente.

Lieu des projections du foyer sur les tangentes.

Normale ; sous-normale.

Relation entre le carré de l'ordonnée d'un point de la parabole et la distance du pied de cette ordonnée sur l'axe, au sommet.

Tangente par un point pris sur la courbe, par un point extérieur.

Définition de l'hélice. — Développement et pas de l'hélice.

Tangente et sous-tangente. — Propriété de la tangente.

Construire la projection de la courbe et de la tangente, sur un plan perpendiculaire à la base du cylindre.

GÉOMÉTRIE DESCRIPTIVE.

20 LEÇONS.

Méthode de projection sur 2 plans.

Énoncé des théorèmes de géométrie sur lesquels est fondée la méthode des projections.

Représentation du point. — Différentes positions d'un point par rapport aux plans de projection.

Représentation de la droite. — Différentes positions. — Projection de deux droites parallèles.

Représentation du plan. — Différentes positions des traces d'un plan.

Une droite perpendiculaire à un plan a ses projections perpendiculaires aux traces du plan.

Reconnaitre si une droite est située dans un plan.

Reconnaitre si deux droites se coupent.

Les traces d'une droite étant données, trouver ses projections et réciproquement. — Longueur de la partie de la droite comprise entre ses traces.

Par un point donné, mener une parallèle à une droite donnée et trouver la vraie grandeur d'une partie de cette droite.

Par un point donné, mener un plan parallèle à un plan donné.

Construire le plan passant par trois points.

Méthode des rabattements.

Intersection de deux plans, intersection d'une droite et d'un plan.

Abaisser d'un point une perpendiculaire sur un plan donné et déterminer les projections du pied de cette perpendiculaire.

Abaisser d'un point une perpendiculaire sur une droite donnée et trouver les projections du point de rencontre.

Angles d'un plan avec les plans de projection.

Angle de deux plans.

Angle de deux droites.

Angle d'une droite et d'un plan.

Sections planes des polyèdres.

Problèmes relatifs aux plans tangents.

Définition de la surface cylindrique, conique.

Plan tangent au cylindre, au cône.

Mener un plan tangent à une surface cylindrique ou conique :

1° Par un point pris sur la surface ;

2° Par un point pris hors de la surface ;

3° Parallèlement à une droite donnée.

Méthode des projections cotées.

Caractères distinctifs des plans cotés ; cas où leur emploi est indispensable ; plan de comparaison, sa situation.

Représentation du point, de la droite, du plan.

Horizontales équidistantes, échelle de pente.

Manière de représenter les surfaces courbes.

Courbes horizontales équidistantes. — Génération de la surface dans le cas d'un terrain. — Ligne de plus grande pente.

Problèmes.

Une droite étant donnée par sa projection et les cotes de deux de ses points, trouver :

1° La cote d'un autre point dont on donne la projection ;

2° La projection d'un point dont on donne la cote ;

3° Les projections des points à cote ronde ;

4° La pente de la droite.

Etant donnée une droite par sa projection, la cote d'un de ses points et sa pente, trouver les points à cote ronde de cette droite.

Mener par un point une parallèle à une droite donnée.

Un plan étant donné, trouver la cote de ses points dont on connaît la projection et réciproquement.

Trouver l'échelle de pente d'un plan dont on connaît trois points ; ou deux points et l'inclinaison à l'horizon ; ou encore un point, l'inclinaison à l'horizon et la direction des horizontales.

Par un point donné, tracer sur un plan une droite ayant une inclinaison donnée.

Intersection de deux plans ; caractère des arêtes et des goutières.

Une surface courbe étant donnée par ses horizontales, trouver la cote d'un point dont on connaît la projection.

Trouver l'intersection d'un plan et d'une surface ;

Tracer à partir d'un point donné, sur une surface définie par ses horizontales, une courbe d'une inclinaison constante et donnée avec l'horizon.

Intersection d'une droite et d'un plan.

Par deux droites données non parallèles, et qui ne se coupent pas, faire passer deux plans parallèles entre eux.

TRIGONOMÉTRIE.

15 LEÇONS.

Définition et variation des lignes trigonométriques.
Relations entre les six lignes trigonométriques d'un même arc.
Expression du sinus et du cosinus en fonction de la tangente.
Addition et soustraction des arcs.
Multiplication des arcs. — Formules de Simpson.

Connaissant $\cos a$ ou $\sin a$, calculer $\sin\frac{1}{2}a$ et $\cos\frac{1}{2}a$.

Rendre calculables par logarithmes : 1° la somme ou la différence de deux lignes trigonométriques ; 2° une expression binôme de la forme $A \pm B$.

Usage des tables trigonométriques.

Propriétés et résolution des triangles rectangles.

Relations complètes entre les angles et les côtés d'un triangle quelconque.

Résolution et calcul de l'aire d'un triangle dans les quatre cas qui peuvent se présenter.

Application de la trigonométrie à quelques questions que présente le lever des plans.

HISTOIRE.

20 LEÇONS.

Résumé rapide de l'histoire de France jusqu'à Henri IV.

Henri IV.

Fin des guerres de religion. — Edit de Nantes.
Administration et politique. — Sully.
Etat de l'Europe en 1610.

Louis XIII.

Troubles de la régence. — Concini, de Luynes, Richelieu. — Abaissement des protestants, abaissement des grands, abaissement de la maison d'Autriche.

Guerre de Trente ans.

Préliminaires. — Causes de la guerre de Trente ans.
Périodes palatine, danoise, suédoise.
Période française, *Turenne* et *Condé* (1).
Paix de Wesphálie. — Etat de l'Europe en 1648.

Minorité de Louis XIV.

La Fronde. — Mazarin.
Guerre contre l'Espagne. — Traité des Pyrénées.
Révolution de 1648 en Angleterre. — Cromwell.

Règne de Louis XIV.

Les ministres de Louis XIV, *Colbert, Louvois, Vauban.*
Premiers actes politiques de Louis XIV. Guerre de Dévolution.
Guerre de Hollande, paix de Nimègue, Chambre de réunion.
Tableau des lettres, des arts et des sciences au xviie siècle.
Révocation de l'édit de Nantes.
Révolution de 1688 en Angleterre.
Guerre de la ligue d'Augsbourg. — Traité de Rysswick.
Guerre de la succession d'Espagne. — Traités d'Utrecht et de Rastadt.

---

(1) Les mots en italique indiquent les questions particulièrement importantes au point de vue militaire.

Louis XV.

Régence du duc d'Orléans. — Système de Law.

Ministère du Cardinal Fleury. — Guerre de la succession de Pologne.

Progrès de l'Etat prussien. — Frédéric II, guerre de la succession d'Autriche.

Guerre de Sept ans. — Traité de Paris.

Fin du règne de Louis XV. — Les lettres et les arts.

Louis XVI.

Intérieur. — Turgot, Malesherbes, Necker.

Extérieur. — Guerre de l'indépendance des Etats-Unis.

Etat de l'Europe en 1789. (Retour rapide sur la décadence de la Suède depuis Charles XII, sur les progès de la Russie depuis Pierre le Grand, sur la ruine de la Pologne, avec les conquêtes des Anglais dans l'Inde, etc.).

La Révolution (intérieur, récit des faits).

Préliminaires. — Etat de la France avant la Révolution ; le gouvernement, la justice, les impôts, l'*Armée*, les trois ordres, etc.

L'Assemblée constituante.

L'Asemblée législative.

La Convention, la Terreur, le 9 thermidor.

Le Directoire, le 18 brumaire.

Le Consulat.

La Révolution (intérieur, institutions).

Institutions de la Constituante : Nouvelles conditions des personnes et des terres ; organisations administrative, judiciaire, financière, etc.

Institutions de la Convention.

Institutions du Directoire, la *conscription*.

Institutions du Consulat : organisation administrative, judiciaire, financière ; le Concordat, le Code civil, la Banque, la *Légion d'honneur*.

La Révolution (extérieur).

Première coalition : Campagnes de 1792, de 1793, de 1794, de 1795 ; traité de Bâle. — Campagne de 1796. — *Bonaparte* en Italie, traité de Campo-Formio.

Deuxième coalition : Expédition d'Egypte. — Campagne de 1799. — Campagne de 1800 : Marengo, traités de Lunéville et d'Amiens.

L'Empire.

Préliminaires. — Constitution impériale ; *l'Armée*, l'Université, grands travaux publics.

Troisième coalition : Ulm, Austerlitz, traité de Presbourg.

Quatrième coalition : Iéna, Friedland, traité de Tilsitt.

Cinquième coalition : Guerre d'Espagne, Wagram, traité de Vienner — Etat de l'Europe en 1810.

Sixième coalition : Campagne de Russie. — Campagne de France. — Campagne de Belgique. — Chute de l'Empire.

Traités de 1815. — Tableau comparé des puissances européennes et de leurs colonies en 1789 et 1815.

Histoire intérieure de la France de 1815 à 1848.

Règne de Louis XVIII. — *Loi sur le recrutement.*

Règne de Charles X.

Révolution de juillet.

Histoire extérieure de la France de 1815 à 1848.

Intervention en Espagne et en Grèce.

Conquête et colonisation de l'Algérie.

Principaux changements survenus en Europe de 1815 à 1848. — *Question d'Orient.*

DESSIN.

20 LEÇONS.

Epures de géométrie descriptive. — Lever d'affût.

Eléments de lavis. — Lavis à teintes plates et à teintes fondues.

RÉSUMÉ DU COURS SUPÉRIEUR.

Langue française	20	leçons.
Compléments d'algèbre	15	—
Compléments de géométrie	20	—
Géométrie descriptive	20	—
Trigonométrie	15	—
Histoire	20	—
Dessin	20	—
TOTAL	130	leçons.

Paris et Limoges. — Imprimerie militaire Henri CHARLES-LAVAUZELLE.

Paris et Limoges. — Impr. milit. Henri CHARLES-LAVAUZELLE